ISBN 978-1-333-79471-2
PIBN 10531903

This book is a reproduction of an important historical work. Forgotten Books uses
state-of-the-art technology to digitally reconstruct the work, preserving the original format
whilst repairing imperfections present in the aged copy. In rare cases, an imperfection in
the original, such as a blemish or missing page, may be replicated in our edition. We do,
however, repair the vast majority of imperfections successfully; any imperfections that
remain are intentionally left to preserve the state of such historical works.

1 MONTH OF
FREE
READING

at

www.ForgottenBooks.com

By purchasing this book you are eligible for one month membership to ForgottenBooks.com, giving you unlimited access to our entire collection of over 700,000 titles via our web site and mobile apps.

To claim your free month visit:

www.forgottenbooks.com/free531903

English
Français
Deutsche
Italiano
Español
Português

www.forgottenbooks.com

Mythology Photography **Fiction**
Fishing Christianity **Art** Cooking
Essays Buddhism Freemasonry
Medicine **Biology** Music **Ancient
Egypt** Evolution Carpentry Physics
Dance Geology **Mathematics** Fitness
Shakespeare **Folklore** Yoga Marketing
Confidence Immortality Biographies
Poetry **Psychology** Witchcraft
Electronics Chemistry History **Law**
Accounting **Philosophy** Anthropology
Alchemy Drama Quantum Mechanics
Atheism Sexual Health **Ancient History**
Entrepreneurship Languages Sport
Paleontology Needlework Islam
Metaphysics Investment Archaeology
Parenting Statistics Criminology
Motivational

LA LIGVE

TRES-SAINCTE,

TRES-CHRESTIENNE,
& Tres-Catholique.

IE n'entreprends point de
proposer vne Ligue des
Catholiques, entre-meslée
des ennemis de la Messe, ains
vne Ligue plus necessaire,
tres-vtile à la conseruation
de la Messe, & les Estats des
Roys, Princes & Republi-
ques Catholiques Apostoli-
ques Romains, affin de s'op-

poſer à la tyrannie & infe-
ction Diabolique de Satan,
& de ſes adherans, qui ſont
les vrays Ennemis de la veri-
té, & du repos public & general de la Chreſtienté, d'autant qu'il ne faut plus mettre
en doubte que Dieu ne nous
aye faict veoir & cognoiſtre
par les fleaux de ſa Iuſtice,
qu'il a permis eſtre exercée
en la punition des tresmalins
Ennemis de la Foy de Ieſus-
Chriſt, & Rebelles des Maje-
ſtez Imperialles, treſ-Chre-
ſtiennes & Catholiques,
nonobſtant leurs Ligues, aſ-
ſiſtez de quelques grands

Princes Catholiques Romains, croyant se mieux maintenir en leurs Estats, & s'accroistre sur leurs voisins, sans auoir aucun sujet, ains la seule ambition les aueugle : Et en fin Dieu qui dispose de tout leur fait cognoistre que en vain ils trauaillent, puis que tous leurs desseins sont allez en fumée.

Il est constant que du Regne du grand Roy François I. du nom. ont commencé les Heresies, qui furent soustenuës par quelques Princes des Allemagnes, qui ont esté cause de tant de malheur à la

A iij

Chreſtienté , & par ſucceſ-
ſion de temps la France en a
eſté ruynée , & pluſieurs
Royaumes ont banny la
Meſſe & autre pour auoir
moyen de ſe maintenir en
leur injuſte rebellion contre
leurs Princes Souuerains, pu-
niſſant de mort ceux qui ſont
deſcouuerts eſtre Catholiques Apoſtoliques & Ro-
mains.

Et durant ledit Regne du-
dit grand Roy François , à
cauſe des grandes guerres
que ſa Majeſté auoit auec
l'Empereur Charles V. ledit
Roy fit vne Ligue auec le

grand Turc (ennemy iuré du nom Chrestien) laquelle Ligue a duré & continué iusqu'a present, sans qu'elle aye iamais apporté à la France aucune commodité, sinon vn grand bien ausdits Turcs, qui se sont emparez de plusieurs Royaumes Chrestiens, & iusqu'en Hongrie, au grád detriment de la Chrestienté, & depuis telle Ligue iamais la France n'a prosperé, mais a esté affligée de tant de guerres estrangeres & ciuilles, que sans la misericorde de Dieu (qui n'a voulu permettre qu'vn Royaume cy-de-

uant tant puiſſant , & ou la
Foy de Ieſus · Chriſt a eſté ſi
viuement maintenuë) fut
par les pechez de quelque
particuliers, deſmembré &
reduict à neant, & ſoubs la ti-
rannie des meſchans.

Qui peut mettre en doute
que ſi le Pape, l'Empereur, les
Roys de France, d'Eſpagne
& Pollogne faiſoient vne Ligue offenſiue & deffenſiue,
& perpetuelle contre tous
ceux qui ſont Ennemis de
leur Religion Catholique
Apoſtolique & Romaine,
que tous les autres Princes &
Republiques Chreſtiennes
qui

qui ont la Meſſe en leurs
Eſtats, ne fuſſent treſ-volon-
tiers deſireux de ſe joindre en
vne ſi ſainéte entrepriſe, dau-
tant qu'ils ſeroient à couuert,
& n'auroient plus ſubjeét de
craindre que le Roy d'Eſpagne ſe rendiſt Monarque de
toute la Chreſtienté , ainſi
que pluſieurs craignent , &
encore redouteroient moins
la puiſſance Mahometane, &
ceux qui ſont Ennemis de la
Meſſe, qui ſe diſent Chreſtiens : car ſi vne ſi neceſſaire
Ligue eſtoit faiéte, qui dou-
tera que Dieu ne la beniſſe,
puis qu'elle ſeroit pour l'aug-

mentation de ſa ſainĉte Foy
& de ſon Egliſe, & pour le
repos public de ſes ſubjeĉts
les Princes Chreſtiens,

Mais quelques - vns pour-
roient dire, par quel moyen
ſe pourra faire vne Ligue telle, que chaque Prince peuſt
entrer auec ſeureté, de n'eſtre
plus moleſté ny troublé en
ſon Eſtat à l'aduenir, & quel
proffiĉt en pourroient tirer,
s'aſſubjeĉtiſſant à vne ſi grande Ligue perpetuelle.

Quand à la ſeureté, elle ſeroit bien aiſée, d'autant que
chaque Roy, ou Prince Souuerain ſeroit aſſeuré que ſi

quelqu'vn qui ne seroit de ladite Ligue s'ingeroit d'en attaquer vn, tous les autres seroient tenus de le deffendre,
& par ce moyen ils seroient
deschargez de tant de fraiz
extraordinaires qu'ils font,
pour se garder de leurs voisins, & n'auroient plus subjet
de faire tant de leuées de de-
niers sur leurs subiects, &
n'auroient nulle crainte que
en leurs Estats se peust faire
des conspirations pour estre
depossedez: en fin seroit la
vraye seureté de leurs vies &
Estats, & pourroient déchar-
ger leurs peuples, & mainte-

nir bonne & brieue Iuſtice,
faire bien & deuëment ſer-
uir Dieu, & obeyr à ſes ſaints
Commandements.

Et quand au proffict, il ſeroit grand, car à fraiz communs de ladite Ligue & chacun à pro rata de ſon pouuoir
contribueroit pour faire que
l'Empereur, & le Roy tres-
Chreſtien peuſſent contrain-
dre leurs ſubjects Rebelles &
Heretiques à l'obeyſſance de
l'Egliſe : Et pareille ayde ſeroit auſſi donnée au Roy
d'Eſpagne.

Mais faudroit commencer
en Allemagne, & apres en

France, & en fin en Flandres,
cela faict, la Ligue auiseroit à
qui l'on voudroit attaquer,
soit Mahometistes ou Heretiques. Et quand aux con-
questes, elles seroient parta-
gées à chacun selon la dé-
pence qu'il auroit contribué,
les accommodant selon leur
bienseance, de sorte que chacun eust occasion de conti-
nuer à la contribution d'vne
si saincte entreprise, laquelle
se pourroit maintenir perpetuelle, si chaque Prince vou-
loit quitter tout autre ambition , car par ce moyen en
bref toute la Chrestienté se-

roit vuide d'Herefie, chaque
Souuerain craint & redouté
de ses subjets, & les subjects
bien-heureux de se veoir li-
bres en la Religion, qui ne seroit plus vilipendée, & la
Messe seroit establie ainsi
qu'elle estoit par le passé, &
alors l'on pourroit plus libre-
ment éuiter plusieurs abus
en la vie des Ecclesiastiques,
& faire reuiure l'ancienne
discipline militaire, tant en
Mer qu'en Terre, auec la cha-
rité requise, & alors Dieu
nous feroit la grace de pro-
sperer de iour en iour, &
beaucoup qui sont distraits

de l'Eglise Romaine par des
maximes deliberées d'Eſtat,
ſe reüniront derechef, &
tous les Princes Chreſtiens
biens vnis & auec bon ordre
& diſcipline, conquerroient
tout ce que les Mahometans
ont vſurpé de la Chreſtienté,
& particulierement Ieruſa-
lem, ou eſt le vray Sainct Se-
pulchre de Ieſus-Chriſt.

Mais s'il arriuoit que quelque Prince de la Ligue vou-
luſt faire la guerre à vn Prince de l'vnion, tous les autres
Ligues ſeroient tenus de le
deffendre à fraiz communs,
& par ce moyen nul n'oſe-

roit attenter à troubler le repos vniuerfel de la Chre-
ftienté.

Alors le commerce feroit
libre à vn chacun, tant par
Mer que par Terre, en punif-
fant les voleurs tout feroit libre, & particulierement fi les
Soldats eftoient employez,
& bien payez : Et quant en
Mer, ils auroient moyen
d'exterminer les Corfaires,
& fur tout fi les Anglois &
Hollandois eftoient vne fois
arreftez à la deffence de leur
pays, ne pouuant plus auoir
François ny Allemans, &
que les Villes d'Algier, eftu-
ues en

ues en Barbarie fuſſent con-
quiſes (ce qui ſeroit fort faci-
le à vne ſi puiſſante Ligue)
alors tous les Peuples beni-
roient leurs Princes de les
maintenir en paix , & en peu
d'années la France & l'Allemagne , & autres pays ſubjects à eſtre ruynez par la
guerre, qui ne procede que
de tant de houuelles oppi-
nions & ſextes, ſe remettront
en richeſſes & biens par le
moyen de la paix, & de la li-
berté du traffic , qui eſt le
vray moyen d'enrichir les
Peuples , par l'amitié & bonne intelligence que chacun

auroit auec les autres Na-
tions leurs Aliez, & alors feroit renouuelé le Siecle d'Or
en toute la Chreſtienté.

C'eſt la vraye Ligue que
chacun bon Chreſtien Ca-
tholique Apoſtolique Ro-
main doibt deſirer, & non la
Ligue ſuppoſée, dicte la Ligue Neceſſaire, contre les
perturbateurs du repos de
l'Eſtat : car cela n'eſt conue-
nable à vn Roy tres-Chre-
ſtien, Fils Aiſné de l'Egliſe
Romaine, qui eſt la vraye
Egliſe que Ieſus Chriſt nous
a laiſſé, & que par Sᵗ. Pierre
& tous les Apoſtres a eſté

annoncé, & qui dure par
succession de Pape en Pape
depuis six cens ans en çà, &
durera iusques à la fin du
monde, malgré Satan & ses
adherans Mahometans &
Heretiques.

Qui seroit le Souuerain
qui pourroit refuser d'entrer
en vne si proffitable vnion
sans estre mal-voulu de
Dieu & des Hommes, car
sans offencer Dieu ils pourroient acquerir de grands
biens sur les Infidelles, beau
coup plus qu'aux guerres
qu'ils s'amusent à faire, qui
ne seruent qu'à vuider leurs

threfors, perdre des Soldats, rogner les subjects, & se damner en matiere d'Estat, car ils donnent ayde d'hom-mes & d'argent à ceux qui dans leurs ames desirent non seulement que la Messe fust abolie, mais qu'il ny eut Ca-tholique Apostolique Ro-main qui n'eut dans le ventre vn Cocodril, le plus grand qui ait iamais esté dedans le Nil.

O qu'il feroit beau voir l'Empereur assisté par lon-guerie des Roys de France, Pologne, & de tous les autres Roys qui portent tiltre de

Chrestiens, s'ils se vouloient derechef reünir à l'Eglise Romaine, & suiure l'aduis de ce Braue Capitaine le Sieur de la Nouë, qui en a si pertinemment écrit, pour en trois années reduire l'ennemy commun en Scythie.

Alors remettre l'Empereur en son throsne en la grande ville de constantinople, ou il feroit sa residance, & continuër l'eslection de l'Empire comme a esté faict iusques a present, & partager les Royaumes & autres terres comme il est dit cy-deuant.

Il se trouuera plusieurs
esprits fantastiques, & peu
enclinez au repos & tran-
quilité publique, qui n'ont
autre passion dans l'ame que
de voir le feu embraser la
desolée chrestienté, & sur
tout la pauure France, cui-
dant par ce moyen estre
employez, & priez de vou-
loir accepter quelques charges, bien qu'indignes d'estre
seulement Soldats, car in-
continent que la guerre ci-
uille est allumée, il n'y à simple Soldadin qui ne presume
meriter vn Regiment, & vn
simple cheual Leger deman-

de vne compagnie, & qui à
dix mille liures de rente :
Bien qu'il n'aye iamais obey
il veut eſtre Mareſchal de
camp, ou Gouuerneur d'vne
place la plus importante du
Royaume, affin de pouuoir
picorer, piller, rançonner,
violer ſes propres parents,
alliez & voiſins : Et ſi le chef
du party à qui il aura donné
ſa Foy ne luy permet d'ainſi
continüer, il change de party. Voila la vie de tels guer-
riers, qui ne ſont vtiles qu'à
eux-meſmes.

Mais ſi tous les ſuſdits
Roys & Potentats eſtoient

vrais zelez au bien & à l'aug-
mentation de la Foy & tran-
quilité du repos public & general d'vn chacun, faisant la
susdicte Ligue, telles gens seroient trop curieux de commencer à obeyr, & trauailler
pour paruenir de degré en
degré auec honneur & proffict, sans blesser leur consci-
ènce, qui est la vraye vertu.

Il est vray qu'il y en aura
d'autres qui diront qu'vne
telle Ligue donneroit tant
d'authorité aux Souuerains,
qu'alors qu'ils se verroient
sans danger d'auoir iamais
aucune guerre en leurs états,
                    qu'ils

qu'ils tiendroient le pied sur
la gorge aux Grands , que
nul ne pourroit esperer de
paruenir comme il est arriué
par le passé , que de petits
compagnons par voyes illi-
cites sont paruenus aux plus
hautes charges, que les Grãds
ue pourroient paruenir d'a-
uantage.

Mais celuy qui a escript
ceste Ligue est aagé de soi-
xante & quatre ans, lequel a
esté nourry dés son ieune aa-
ge a la guerre , en plusieurs
endroicts de l'Europe , & a
aussi la cognoissance de beaucoup d'affaires d'Estat , &

D

réponds à ceux-là, qu'vne
telle Ligue seroit cause que
les Souuerains seroient soi-
gneux d'employer les grãds,
les moindres, & les petits, selon leur capacité : Les vns
au Gouuernement des Ar-
mées Naualles, & les autres
en celles de terre : & sur les
conquestes lesdicts Souuerains les pourroient recom-
penser, ainsi que faisoient les
Anciens Romains, pouru-eu
qu'on les voulust imiter en
ce qu'ils faisoient de vertu-
eux, y faisant observer l'ordre & l'obeyssance, les bien
payer & bien chastier, tant

grands que petits, ne par-
donner à nuls, & particulierement les couuerts & pol
trons, qui rendent les places
fans les deffendre iufques à
l'extremité : Ceux qui dérobent la paye des Soldats, &
les Cappitaines qui ont des
Paffe-volants, & autres qui
dérobent les Souuerains,
mais fur tout faudroit punir
de mort tous blafphema-
teurs du Nom de Dieu, de la
Vierge, & des Sainɛts, mais
fans nulle remiffion, de quelque qualité qu'ils fuffent.
Alors Dieu feroit la grace
aux Chreftiens d'acquerir

gloire, honneurs & biens, &
à la fin leur donneroit pour
recompenſe la gloire éter-
nelle, & à tous ceux qui
iroient en vne ſi Saincte entrepriſe, qui ſeroit de longue
durée à cauſe de tant d'ennemis qui enuironnent la Naſ-
ſelle de la vraye Religion
Catholique Apoſtolique &
Romaine, laquelle a eſté pre-
ſte à faire naufrage, ſans la
Prouidence Diuine.

Et pendant que les gents
de guerre feroient leur debuoir pour la Foy de Ieſus-
Chriſt, faudroit que les Eç-
cleſiaſtiques ſe rengiſſent vn

peu, quittans leurs habits de
foye, les carroſſes dorées,
tant de valets & cheuaux, &
mutes de chiens : Et pour y
mieux paruenir, reçeuoir
tout à faict le Concile de
Trente, & le faire bien ob-
ſeruer, & chaſtier les viſions
en tous les ordres, & les ran-
ger à imiter vn St. Charles
Borromée, quant aux Cardi-
naux, Archeueſques, Eueſ-
ques, Abbez & Prieurs, Ab-
beſſes & Prieuſes, & que par
leurs bons exemples les Re-
ligieux & Religieuſes fiſſent
mieux leur debuoir qu'ils ne
font a preſent, & que noſtre

Sainct Pere le Pape les reigle
en sorte, que les quatre Mandians ne soient plus en dispu-
te à qui obserue mieux la
Reigle, car cela est cause que
il y en à qui patissent pour y
en auoir trop, à la foulle du
peuple.

Et quand aux Moines de
l'Ordre de S. Benoist, & autres qui sont dudit Ordre, les
reigler en sorte, que ceux qui
entreront en tels Ordres
soient reformez, & tous en
vne seule Reigle, habit, & vn
seul General en chaque Ordre, & non comme aux qua-
tre Mandians, qui sont plus

de vingt Generaux.

Faudroit auſſi que tous les
Souuerains rengeaſſent la iuſtice, qui eſt à preſent exercée comme Dieu ſçait, &
qu'il y à autant de perſonnes
qui viuent de la chicanerie, y
compris les Huiſſiers & Ser-
gents, que le reſte du peuple
ne ſont en ſi grand nombre?
Alors ſeroit la Ligue ſaincte,
tres-Chreſtienne & tres-Ca-
tholique aſſeurée & perpetuelle, qui ſeroit le vray moyen de contenter les gens de
bien, les Grands, les moyens
& les petits, chacun ſelon
ſon merite.   Ainſi ſoit-il.

CPSIA information can be obtained
at www.ICGtesting.com
Printed in the USA
BVOW11s1323071117

499763BV00024B/1678/P